Reise durch

IBIZA UND FORMENTERA

Bilder von
Hans Zaglitsch

Texte von
Andreas Drouve

Stürtz

Erste Seite:
Strandeinsamkeit lässt sich auf S'Espalmador finden, einem Insel-Anhängsel im Norden von Formentera.

Vorherige Seite:
Dieser Anblick ist ein Klassiker: über den Hafeneinschnitt von Eivissa auf die Altstadt Dalt Vila, gekrönt von der Kathedrale.

Unten:
Hier schlägt man gerne Wurzeln – an der Cala Niu Blau in Ibizas Osten.

Seite 10/11: *Höher geht's auf den Pityusen nicht hinauf als auf dem Sa Talaia, von dem sich schöne Ausblicke über Grün und Häuser bieten. Dort oben fühlt man sich jedwedem Rummel Ibizas entrückt und genießt das Panorama.*

Inhalt

Portinatx ist ein Fixpunkt im Norden Ibizas und wird dank der Bucht und umliegender Strände gerne als Urlaubsstützpunkt gewählt. Ausgesprochen wird Portinatx im Übrigen „Portinatsch".

Karibikfeeling. Der Himmel ist wolkenlos. Das Mittelmeer leuchtet türkis bis tiefblau. In gleichmäßigen Zügen paddeln wir im Seekajak an Formenteras Nordspitze entlang, die auf der Landkarte wie eine Nadel hervorsticht. Hinter Formenteras „Land's End" folgt S'Espalmador, eine Kleinstinsel, zu der Wagemutige zu Fuß durch die Meerenge gehen, teils bis Brusthöhe im Wasser. Das Kajak erscheint mir die deutlich bessere Option zur Erkundung. Sachte Wellen brechen sich an den Felsen. Die warme Luft schmeckt nach Salz, das Leben nach weltferner Stille. „Gleich geht es durch einen Kanal am Leuchtturm vorbei", flüstert Naturguide Asier kurz vorm Nordrand von S'Espalmador, an den sich ein noch kleineres Felseiland anschließt. Das glasklare Wasser erlaubt im Kanal den Blick bis zum Grund. An Land ergreift eine Krähenscharbe die Flucht. Wir machen kurz Paddelpause. Ich blicke hinüber zum schwarz-weiß geringelten Leuchtturm. Das alte Wächtergebäude daneben hat ausgedient. Es gibt keinen Wächter mehr. Der Leuchtbetrieb ist längst automatisiert. Weiter geht's, bis wir in eine flache, weit eingeschnittene Bucht hineingleiten. „Hier kamen vor Jahrhunderten die Piraten hin", sagt Asier, ein kerniger Typ, ein „Reingeschmeckter". Eigentlich stammt er aus dem Baskenland im Norden der Iberischen Halbinsel. Zu Beginn des Jahrtausends verschlug ihn das Schicksal nach Formentera. Friedensstimmung und Natur begeisterten ihn von Beginn an. So blieb er schlichtweg auf der Insel hängen.

Unübersehbar in der Piratenbucht: angespültes Seegras. Es ist auch als Neptungras bekannt, bildet untermeerisch riesige Wiesen. „Posidonia oceanica", klärt Asier auf, „das ist die Lunge des Mittelmeers und ein Zeichen für gesunde Gewässer, ganz wichtig für die Selbstreinigung der Natur." Neptungraswiesen sorgen für Sauerstoffzufuhr, fördern die Selbstreinigung des Meeres und bieten Fischen wichtige Laichstätten. Ein paar Quallen sehen wir auch, für mich

ästhetische Wassergeschöpfe par excellence. Einen besonders guten Ruf genießen sie unter Menschen nicht. Schuld tragen die Nesselzellen ihrer Tentakel. „Weißt du, was du nach einer schmerzhaften Quallenberührung machst und wie du das toxische Sekret am besten von der Haut kriegst?", fragt Asier. Natürlich weiß ich es nicht. „Einfach mit Salzwasser abspülen und mit einem flachen Gegenstand vorsichtig von der Haut abschaben, am besten mit einer Kreditkarte." Werde ich mir merken. Man sollte halt überall Plastikgeld dabeihaben. Eine Kreditkarte dient – das habe ich nun gelernt – nicht einzig zu Bezahlzwecken ...

Asier manövriert unser Zweierkajak ans Ufer. Es läuft schlurfend auf Grund. Zeit für den Landgang. Der steinige Weg führt zwischen Felsen und Sträuchern hinauf. Die Szenerie ist einsam und wild. Schmetterlinge tanzen in der Sonne. Aus dem Boden sprießen Kräuterbüschel. Es riecht nach Rosmarin und Wacholder. Unser Aufstieg endet an einem historischen Wachturm. Der klobige, runde Steinriese kündet von den erwähnten Piratenzeiten. Das Panorama ist traumhaft. „Willkommen in meinem Büro!", ruft Asier aus und lacht. Hier sei sein Lieblingsplatz bei den Naturtrips, lässt er mich wissen. Weit draußen ziehen zwei Fähren aneinander vorbei. In der Ferne buckelt sich Ibiza, der Inselnachbar, in Hügelsilhouetten auf. „Da drüben auf Ibiza kann man so richtig Party machen, bei uns auf Formentera eher nicht", sagt Asier.

Kontrastreiches, ungleiches Inseldoppel

Ibiza (572 Quadratkilometer) und Formentera (82 Quadratkilometer), das ist ein ebenso kontrastreiches wie ungleiches Inseldoppel, das zu Spaniens Autonomer Region der Balearen gehört. Der für Ibiza und Formentera relevante Unterbegriff lautet Pityusen. Über die beiden Hauptinseln hinaus gesellen sich rundherum kleinere, unbewohnte Felseneilande hinzu. Besonders spektakulär sind Es Vedrà und Es Vedranell vor Ibizas Südwestküste, während dem Nordosten die Illa de Tagomago und dem Westen die Illa Sa Conillera vorgelagert ist. Die Sonne scheint im Schnitt etwa 3000 Stunden pro Jahr, das Klima ist angenehm mild. Formentera rühmt sich sogar, das wärmste und regenärmste Klima der Balearen zu besitzen. Dass Katalanisch (català) auf den Pityusen einen größeren Stellenwert besitzt als das eigentliche Spanisch (castellano), erklärt sich durch die Nähe der Inseln zur Region Katalonien und durch die Besiedlungs- beziehungsweise Eroberungsgeschichte seit dem Mittelalter. Die Unterschiede zwischen Katalanisch und Spanisch führen auch zu unterschiedlichen Schreibweisen, die verwirrend sein können. So heißt

Strand auf Katalanisch Platja und auf Spanisch Playa, Insel Illa beziehungsweise Isla, Hafen Port beziehungsweise Puerto, Boulevard Passeig beziehungsweise Paseo.
Formentera und Ibiza trennt nur eine kurze Fährüberfahrt voneinander. Und doch scheinen Welten zwischen den beiden Inseln zu liegen. Formentera pflegt den Ruf als „Friedensinsel im Mittelmeer". Den touristischen Urgrund bereiteten vor ein paar Jahrzehnten die Blumenkinder, die mit jedweden Regeln und Konventionen brachen und sich mit ihrem Lebensstil dem annäherten, was man Freiheit nennt. „Als Kinder zogen wir einfach mit den Hippies irgendwohin los. Meine Mutter hatte Picknick vorbereitet, dann ging's mit dem Esel und dem Karren ab", erzählt Carmen, die im Tourismus beschäftigt ist und nicht so aussieht, als würde in Kürze bereits die Schnabeltasse winken. Es ist bloß einige wenige Jahrzehnte her. „Die Hippies führten ein liberaleres Denken ein, das sich bis heute fortsetzt", sagt Carmen, „wir nehmen auf der Insel alle Fremden in offener Art problemlos auf." Flower-Power griff zu jenen Zeiten gleichermaßen auf Ibiza um sich, wo Carmen geboren wurde, weil es auf Formentera noch keine Entbindungsstation gab. Heute gibt es längst ein modernes Spital ...
Während Formenteras Entwicklung der Moderne vergleichsweise weltabgeschiedener verlief, krachten auf Ibiza nach und nach die Auswüchse eines ungebremsten Massentourismus hinein. Zu den Vögeln am Himmel kamen Jets voll erholungsbedürftiger Bleichgesichter. Und die brachten Spekulanten und Auswanderer mit, die den Locals zu Schleuderpreisen Territorien abluchsten. „Damals, noch zur Franco-Epoche [Diktator Franco regierte bis 1975], wurde der Kaufvertrag eines Grundstücks auf einer Papierserviette in der Bar aufgesetzt. Dann kamen die Unterschriften des Eigentümers und Neubesitzers drunter, das war's und besaß notarielle Gültigkeit", hat mir der Sohn eines Hotelpioniers einmal erzählt, was den Eindruck erweckt, als sei Ibiza seinerzeit ein Stück Bananenrepublik gewesen. So kam es, dass Hotels, Restaurants, Kneipen und Straßen allmählich das alte Gepräge verdrängten. Aus Grün erwuchs Beton – zum Glück nicht überall. Gleichwohl stieg Ibiza zu einer der gefragtesten Partyinseln Europas auf, die weiterhin ihr Publikum findet. In Diskotheken und Clubs herrscht Hochstimmung, rund um Jetset-Treffs lauern Paparazzi auf Beute. Wer weniger Party im Sinn hat, wird überrascht sein von stillen Winkeln, von Familienstränden, von Landhotels, echten Hideaways. Zwischen Spätherbst und Frühling hält die Insel ausgedehnt Winterschlaf und bietet sich dann besonders als Ziel für Ruhesuchende

Puig de Missa heißt der Hausberg von Santa Eulària d'es Riu im Osten von Ibiza. Wer atemschwer hinaufgekommen ist, sieht sich die interessante Wehrkirche samt ihrem kalkweißen Arkadenvorbau an.

und Naturentdecker an. Ibiza, die gern apostrophierte Party- ist eine oft verkannte Urlaubsinsel für jeden Geschmack!

Allerlei Besonderheiten

Ibiza punktet mit allerlei Besonderheiten. Dazu zählt die im Inselsüden verbreitete Salzgewinnung, deren Tradition in phönizische Zeiten zurückreicht. Einmal war ich beim Joggen zur Sonnenuntergangszeit derart vertieft und begeistert vom Anblick der Salinen, dass ich einen Metallmast vor mir übersah. Was dazu führte, dass ich in vollem Tempo abrupt gebremst und außer Gefecht gesetzt wurde, für längere Zeit begleitet von einer markanten Wunde auf meiner Stirn. Hätte jemand die Slapstick-Szene gefilmt, wäre sie vielleicht ein Renner auf Youtube geworden …

Weitere Inselnoten geben Weingärten und der sogenannte „Hippiemarkt" samstags bei Sant Carles de Peralta, auf dem man allenfalls noch ein paar versprengten Althippies begegnet. Ansonsten schwingt der Kommerz das Zepter, ebenso wie zur wärmeren Reisezeit mittwochs beim „Hippiemarkt" Punta Arabí bei Es Canar. Warum sich unbedarfte Besucher dann nicht nur mit durchaus ausgefallenen Kunsthandwerksstücken, sondern auch mit Waren „made in China" eindecken, ist nur durch Urlaubsstimmung zu erklären.

Architektonisch-kulturell sticht auf Ibiza die Hauptstadt Eivissa mit ihrem historischen Viertel Dalt Vila heraus, Weltkulturerbe der UNESCO, umschnürt von wuchtigen Wehrmauern und Bollwerken, gekrönt von der Kathedrale. Dass ebendort der Marienkult besonders feierlich begangen und ausgerechnet die „Schneejungfrau" verehrt wird, obwohl die Bewohner klimatisch seit ehedem auf der Sonnenseite leben und überhaupt kein Schnee fällt, verlangt nach Aufklärung. Dazu gilt es, im Buch der Geschichte ins Spätmittelalter zurückzublättern. Damals fielen die katalanisch-christlichen Truppen auf der Insel ein und entrissen sie den Glaubensfeinden der Mauren, die Jahrhunderte zuvor neben ausgeklügelten Bewässerungstechniken in der Landwirtschaft auch den Islam eingeführt hatten. Der entscheidende Vorstoß erfolgte am 8. August 1235 und markiert im Rückblick den wichtigsten Tag der

Lokalgeschichte. Die erfolgreiche Eroberung vorausgesetzt, hatten sich zuvor die zuständigen Befehlshaber – darunter der Erzbischof von Tarragona, Guillem de Montgrí – darauf verständigt, der Heiligen Jungfrau und Gottesmutter zu Ehren eine Pfarrei auf der Insel zu gründen. Da im Jahreskalender der der Eroberung am nächsten liegende Mariengedenktag der 5. August war, Maria Schnee, weihte man das bald errichtete Gotteshaus „Unserer Lieben Frau vom Schnee". Heute wird das Marienbildnis, das auf Katalanisch als Nostra Senyora de les Neus bekannt ist, hinter dem Altar in einem überkuppelten Tempelchen verehrt. An ihrem Festtag steht der große Gottesdienst an, der in krassem Gegensatz zum ansonsten so turbulenten Inselleben steht.

Steiler Aufstieg und Panoramablicke

Die Kirche der „Schneejungfrau" war das erste religiöse Gebäude, das die Katalanen auf Ibiza errichteten – und zwar im Oberbereich der auf einen Hügel hin ansteigenden Siedlung Eivissa. Historiker mutmaßen, dass beim massiven gotischen Bau Teile der vormaligen Moschee verwendet worden sein könnten, doch erwiesen ist dies nicht. Der im Laufe der Zeiten stark verschlechterte Zustand des Gotteshauses, vor allem seiner Decken, machte im 18. Jahrhundert eine groß angelegte Umgestaltung des Gebäudes nötig, das später durch die Gründung des Bischofssitzes in Eivissa seine wegweisende Aufwertung erfuhr: von einer landläufigen Marienkirche zur Kathedrale. Der Aufstieg durch Eivissas Altstadt Dalt Vila verlangt nach Energie. Anhaltend steil geht es auf unförmigem Pflaster über Gassen und Plätze hinauf, gesäumt von kalkweißen Hausfassaden mit Blumengehängen, wehender Wäsche, Kabelsalat. Lohn der Aufstiegsmühen sind bereits unterwegs traumhafte Ausblicke von Abzweigen zu Mauerpromenaden und einstigen Kanonenplateaus: über die ziegelgedeckten Schachtelwerke der Häuser, die Dachgärten, den tief eingeschnittenen Hafen mit Bötchen und Fähren, das Mittelmeer. Der Vorplatz der Kathedrale toppt noch einmal das Panorama, bevor Besucher der Kirchenbau schluckt. Das barocke Innere hat nichts mit der wehrhaften Außenansicht gemein. Die Kühle des weit ausladenden Raumes ist eine Wohltat, ich lasse mich auf einer der Bänke nieder und die Stimmung auf mich einwirken. Um den Altarraum flutet das Licht durch moderne Buntglasfenster, zum Ehrentempelchen der „Schneejungfrau" hin hängen massige Leuchter hinab, die – stilfremd indes – einem Opernhaus zur Ehre gereichen. Maria selbst ist gekrönt, ebenso wie das Kind, das sie auf ihrem linken Arm stützt. Aus ihrem

Pittoresk und im Moment unserer Aufnahme ohne menschlichen Zulauf: die Cala Mastella (Schreibweise auch: Mestella) im Nordosten von Ibiza.

Gesichtsausdruck spricht Fürsorge, aber auch Besorgnis. Später blicke ich auf zur Orgel mit ihren Pfeifen in typisch spanischem Stil, sehe eine Darstellung des Apostels Jakobus mit Pilgermuschel und Stab sowie eine Gedenktafel für die Gefallenen im Spanischen Bürgerkrieg 1936 bis 1939. Ein Durchgang führt ins Diözesanmuseum, das eine von Francesc Martí gefertigte gotische Monstranz aus vergoldetem Silber bewahrt, diverse Heiligenporträts und Bildtafeln aus dem „Retabel der Seelen" mit geflügelten Teufelsfiguren. Als ich zurück in den Hauptraum komme, sind nur noch wenige Besucher da, doch die Kathedrale ist nicht der einzige stille Sakralwinkel in Dalt Vila. Am Gassenweg zurück in die Unterstadt liegt, ein wenig unscheinbar, das Kirchlein Sant Cristòfol, das zum zugehörigen Kloster der Augustinerinnen gehört. Dort leben die letzten verbliebenen Schwestern, die in einem separaten Verkaufsraum selbst gemachte Kekse, Pasteten und Teigtaschen anbieten – ausgesprochen köstliche, authentische Stückchen Ibiza! Und die haben mit Klischee und Wirklichkeit des Massentourismus ebenso wenig gemein wie die „Schneejungfrau" von Eivissa.

Im Bann der Buchten und Strände

Buchten und Strände stehen für Ibizas natürliche Schönheit, die Urlauber magnetisiert. Die Auswahl geht hoch in die Dutzende, persönliche Vorlieben werden auf unterschiedlichste Arten bedient. Nah am Flughafen und an den sommerlichen Vergnügungszentren hält sich der Strand von Platja d'en Bossa, während weiter südlich die feinsandige, naturbelassene Platja d'es Cavallet mit ihren Dünen- und Felsenzusätzen zum Tummelbecken jener avanciert ist, die gerne auf Textilien verzichten. Hier lässt man raushängen, was manchmal besser in Hose oder Badeanzüge gehörte. Die nahen Salinen haben der Platja de Ses Salines ihren Namen beschert, hinter dem Strand schließen sich Kiefern an. An der Südwest- und Westküste setzen die Cala Vadella und die Cala Bassa Glanzpunkte, besonders schön sind ab der Cala d'Hort die Ausblicke auf die Felseninseln Es Vedranell und Es Vedrà. Im Norden üben der Strand von Port de Sant Miquel und die Cala de Benirràs ihre Zugkraft aus, im Nordosten und Osten ist die Reihe an der Cala de Sant Vicent, der Cala Llenya, der Cala Llonga. Die Strandauswahl auf Formentera ist – gemessen

Das Dorf Sant Agustí des Vedrà ist auf Ibiza leicht zu übersehen – und das wäre schade, auch wegen der Möglichkeit zur Einkehr. Sant Agustí des Vedrà liegt zwischen Sant Josep de sa Talaia und Sant Antoni de Portmany im Westteil der Insel.

an der weitaus geringeren Größe der Insel – kleiner, aber nicht minder facettenreich: von der kilometerlangen Platja de Mitjorn im Süden über die Cala Saona im Westen und das Gebiet der sogenannten „Strändchen", Ses Platgetes, bei Es Caló de Sant Agustí bis zu zwei herrlichen Stränden im Norden, der Platja de ses Illetes und Platja de Llevant. All dies darf nicht zum Fehlschluss führen, dass sich auf den Inseln ein Strand an den nächsten reiht. Weder auf Ibiza noch Formentera gibt es eine Küstenrandstraße, die von Beach zu Beach führt. Mitunter sind Schlenker und Zufahrten durchs Inland außerordentlich weit.

Weitere Naturfacetten

Die Panoramen komplettieren Steilküstenabschnitte, wie man sie in Ibizas Norden und in Formenteras Südwesten um das Kap Barbaria findet. Verbindungsglied beider Inseln ist der Parc Natural de Ses Salines, der sich vom Süden Ibizas nach Formentera zieht; der größte Anteil des über 15 000 Hektar großen Naturparks entfällt aufs Meer. Unter Schutz stehen die Feuchtgebiete der Salinen, untermeerische Neptungraswiesen und die Lebensräume diverser Vögel, darunter von Fischadlern, Wanderfalken und den zu den Kormoranen gehörigen Krähenscharben. Weitere Vertreter der Vogelwelt der Pityusen sind Flamingos, Eleonorenfalken, Gelbschnabel-Sturmtaucher, Korallen- und Weißkopfmöwen. Häufig flitzen Pityusen-Eidechsen übers Gestein, nennenswertes Giftgetier gibt es auf den Inseln nicht. Als bekannte, windhundähnliche Rasse sei der Podenco ibicenco erwähnt; hier hat Ibiza Namenspate gestanden. Woher genau der Hund stammt, ist jedoch nicht abschließend geklärt. Eine Theorie weist auf die Verbreitung durch die Phönizier.

Ein Blick in die Bestände der Inselflora zeigt mediterrane Exotik, wobei Ibiza allein durch seine Ausdehnung und größeren Höhen abwechslungsreicher ist als Formentera. Phönizischer Wacholder wächst auf den Pityusen ebenso wie die Aleppokiefer, es gibt Bestände an Oliven-, Zitronen-, Orangen-, Feigen- und Johannisbrotbäumen. Auch Mastixsträucher, Oleander, Zwergpalmen, Zistrosen, Strandflieder, ibizenkischer Ginster, Binsen, Orchideen

Can Berri

und verschiedenste Kräuterarten kommen vor. Bergthron der Pityusen ist der Sa Talaia auf Ibiza, 475 Meter hoch. Wer ihn besteigt oder auf holpriger Straße hinauffährt, blickt über Kiefern über weite Teile der Insel. Mäßiger nimmt sich Formenteras Geografie aus. Im Osten beschert die Hochebene La Mola das höchste der Inselgefühle, 192 Meter.

Menschen und Traditionspflege

Unterschiedlich wie die Landschaften sind die Menschen: Etwa 135 000 leben ständig auf Ibiza, 12 000 auf Formentera. In jüngerer Vergangenheit haben sich die Zahlen kontinuierlich erhöht, viele Leute hat es mit Aussicht auf Verdienste durch den Tourismus auf die Pityusen gezogen. Ob in der Animation, beim Clubbing oder Wassersport – fleißige Kräfte werden immer gesucht. Während der Sommermonate steigen die Einwohnerzahlen erheblich an. Manche Besucher bevorzugen ihre schwimmenden Unterkünfte in Form von Jachten und Kreuzfahrtschiffen und kommen lediglich zu Stippvisiten. Dicht bebaut sind auf Ibiza die Gegenden von Eivissa und Platja d'en Bossa, nächstgrößere Städte sind Sant Antoni de Portmany an der West- und Santa Eulària d'es Riu an der Ostküste. Dann wiederum stößt man auf Ibiza auf Zeugnisse ländlicher Architektur: ineinander verschachtelt wirkende Dörfer und einsame, weiß getünchte Gehöfte. Dem beschaulicheren Charakter Formenteras entspricht die Hauptstadt, Sant Francesc Xavier, wo man in bescheidenerem Rahmen in der Fußgängerzone ein wenig shoppen kann. Klassisches Einkaufspflaster auf Ibiza ist hingegen Eivissa, nicht zuletzt dank diverser Boutiquen, die die bekannte Adlib-Mode führen. Diese ist ein weiteres Erbstück aus der Ära der Hippies und seither mit ihren natürlichen Stoffen, traditionellen Stickereien und Applikationen stetig weiterentwickelt worden: unkonventionell, geschmackvoll, fantasiereich. Adlib hat es zu höchsten Designerehren gebracht, hat einfach Klasse und Frische. Eigentlich gibt Weiß den Farbton an, doch ebenso gut geht es farbig.
Die Traditionspflege setzt sich auch bei Volksfesten fort, ob bei Umzügen am Vorabend des Dreikönigstages, den Osterprozessionen oder Patronatsfeierlichkeiten, wie sie auf Ibiza vor allem außerhalb der Hauptbesuchersaison terminiert sind: um den 17. Januar in Sant Antoni de Portmany, am 21. Januar in Santa Agnès de Corona, um den 12. Februar in Santa Eulària d'es Riu, um den 19. März in Sant Josep de sa Talaia und Ende September in Sant Miquel de Balansat. Touristische Wimmelbilder kommen hingegen auf, wenn Dalt Vila im Mai zum Mittelalterfest bittet oder Sommerkonzerte steigen.

Willkommen in der Höhle! Die Cova d'en Jeroni, eine kleine Besucherattraktion, befindet sich auf Formentera bei San Ferran de ses Roques.

Wider die Klischees

Wird bei festlichen Anlässen auf Ibiza zum typischen Bauerntanz, dem Ball Pagès, aufgespielt, bei dem die Paare in prächtigen Trachten daherkommen und der Mann die Frau mit Kastagnettenschlägen zum Tanz auffordert, zeigt sich einmal mehr, dass Ibiza viel mehr ist als nur „die Partyinsel". Diesen Ruf wird und will Formentera nie erreichen, obgleich es vereinzelte Beachbars gibt, die im Sommer florieren. Asier, der baskische Zuwanderer, der über Seekajaktouren hinaus andere Sportaktivitäten veranstaltet, will nie mehr weg von hier. Für einen Naturtypen wie ihn ist Formentera das Paradies, auch wenn es ihm im August zu voll wird und sich seine Arbeit über Winter auf Planungen der nächsten Saison beschränkt. Die Insel, das sei für ihn der Inbegriff der „tranquilidad", wie man auf Spanisch sagt, der Ruhe, des Take-it-easy-Daseins. „Wir Inselbewohner begreifen uns außerdem als eine Art große Solidargemeinschaft, niemand nimmt dem andern etwas weg", sagt Asier. Für ihn, der in der Inselhauptstadt Sant Francesc Xavier lebt, sei es noch immer selbstverständlich, den Autoschlüssel stecken zu lassen. Und wenn er jetzt, genau in diesem Moment, einen Hundert-Euro-Schein auf dem Boden sähe, würde er ihn liegen lassen, versichert er mir – obwohl es geradezu unglaubwürdig klingt. „Der Schein gehört ja irgendjemandem, nur nicht mir. Der Besitzer wird ihn sicher suchen und zurückholen", schließt Asier und blickt mir derart tief in die Augen, dass er meine Skepsis ausräumt. Ich muss ihm in diesem Moment einfach glauben.

Seite 22/23: *Der Küstenort Cala de Sant Vicent macht einen gefälligen Eindruck; er liegt im Nordosten Ibizas.*

Seite 24/25: *Kitschig vielleicht, aber immer wieder schön! Die Sonnenuntergangsstimmung um die Cala d'Hort (Ibiza) genießen auch Segler.*

Hauptstadt, Strände, Tropfsteinhöhle – der Ostteil Ibizas

Ein erhebendes Gefühl ist es, in die Altstadt von Eivissa aufzusteigen und das Auge über Stadt und Hafen schweifen zu lassen.

Eivissa, die Inselhauptstadt, ist eine Klasse für sich. Hafen, Promenaden, Stadtmauern, Shoppingzonen, Museen und ein vibrierendes Sommer-Nightlife formen sich zum Mosaik. Angesichts der Vielzahl an Kneipen und Cafés steht die Dürre nicht zu befürchten. Ausgemacht schöne Kulissen geben die alten Viertel Sa Penya, La Marina und vor allem Dalt Vila ab, dessen Häusermeer bis zur Kathedrale ansteigt. Lauschige Gassen und Plätze begleiten in der vormals oft von Piraten bedrohten Oberstadt den Sturm auf die höchsten Punkte, wobei der Schritt automatisch in einen bedächtigen Rhythmus fällt. Für viele Besucher ist es steiler als gedacht. Unterwegs lassen die historischen Mauerverbünde ins Gestern eintauchen.

Das Einzige, was Eivissa nicht besitzt, sind Strände, doch keine Sorge: Die Strandvororte Figueretes, Platja d'en Bossa und Talamanca liegen nicht weit! In der Hauptsaison geht es hoch her, zuvorderst in Platja d'en Bossa. Stilleren Charakter tragen die Buchten und Strände des Ostens und Nordostens, ob sie Cala Llenya, Cala Mastella, Cala Boix oder Platja des Figueral heißen. Dort fühlen sich auch Familien mit Kindern wohl.

Die Fäden im Osten laufen in der Hafen- und Strandstadt Santa Eulària d'es Riu zusammen, wo eine Höhenstufe darüber der Haushügel Puig de Missa eine Landschaftsmarke setzt – plus Friedhof, Wehrkirche und Volkskundemuseum. Allsamstaglich steigt der „Hippiemarkt" bei Sant Carles de Peralta, mittwochs ist zwischen April und Oktober die „Hippiemarkt"-Reihe an Es Canar. Kleine Urlaubszentren des Nordens sind Portinatx und Port de Sant Miquel. Überraschende Zugabe ist die Cova de Can Marçà, eine Tropfsteinhöhle, die beim Rundgang mit Specialeffekten aus Licht und Ton versetzt wird. In der Grotte halten sich überdies die alten Geschichten der Schmuggler lebendig.

Oben:
Mole mit Aussicht – und zwar auf Dalt Vila. Gleich hinter der Mole beginnt der Hafenbereich Eivissas.

Seite 28/29:
Zauber des Lichts, Palmenexotik, ein fast arabisch anmutendes Häusermeer – Blick über die untere Altstadt von Eivissa.

Rechts:
Treffpunkt landläufiger Segler und mitunter auch der internationalen Geldelite: die Marina von Eivissa.

Links:
Gerade Wendepunkt von Spaziergängern und Radlern, ansonsten herrscht reger Bootsbetrieb: Hafeneinfahrt von Eivissa.

Von Puniern, Römern und Mauren – Spuren der Vergangenheit

Der Einstieg in die Unterwelt von Es Cuieram liegt im Bergland von Ibizas Nordosten, wenige Kilometer von der Urlauberbucht Cala de Sant Vicent entfernt. Zunächst sind wir über eine Piste durch Kiefernforst geholpert, haben das Auto abgestellt und das letzte Stück zu Fuß zurückgelegt, begleitet von Halteseilen an einem steilen Treppenabgang. Nun stehen wir vor dem Eingang zur Höhle, beäugt von einem einsamen Wächter. Ein Pfeil weist in den Fels hinein. Das Innere der Grotte ist ausgeleuchtet. Winzige Windungen ziehen sich durch die Enge des Gesteins. Allzu massig dürfen Besucherkörper hier nicht sein, sonst bleiben sie stecken. Das Ziel ist bald erreicht: ein Saal mit einem Steinaltar in der Mitte, den wir übersät mit Bitt- und Dankeszetteln vorfinden. Hinzukommen niedergelegte Keramikstücke, Halsketten, Kunstblumen, Kerzen, beschriftete Steine. Ganz so, als sei der Höhlenkult mehr als 2000 Jahre nach seinem Ende wieder aufgelebt. Zwischen dem 5. und 2. Jahrhundert v. Chr. nutzten die Punier diese Grotte als Heiligtum, bekannt als Es Cuieram, abweichend geschrieben: Es Culleram. Anfänglich dürften die Gläubigen der Gottheit Reseph-Melkart – eine Vermischung der Götter des Lichts und der Schifffahrt – gehuldigt haben, später Tanit, der Göttin der Fruchtbarkeit. Welche Riten damit einhergingen, bleibt Nährboden für Spekulation. Vermutlich brachten die Menschen Gaben in Form von Terrakottadarstellungen göttlicher Figuren dar, vor allem Tanit, aber auch leibhaftige Tiere, die nach den Opferungen verzehrt wurden. Deswegen loderten vor der Höhle Feuer. Ob Menschen geopfert wurden, ist nicht belegt. „Als gut organisierter Tempel wurde die Höhle in der späten Hälfte des 2. Jahrhunderts v. Chr. so gut wie aufgegeben", entnehme ich einer lokalen Quelle. Der zufolge ist es möglich, dass der Einsturz des ersten großen Höhlensaals Schuld am Ende der Kultfeiern in jenem Sanktuarium der Punier hatte. 1907 entdeckten Archäologen Es Cuieram wieder. Die folgende Ausgrabungskampagne brachte 600 vollständig erhaltene Tonfiguren und etwa tausend weitere Figurenköpfe und Fragmente ans Licht.

Gründungen der Phönizier

Die Pityusen überraschen mit den fassbaren Spuren ihrer Vergangenheit, die in die Ära der Phönizier zurückreichen. Das Händler- und Seefahrervolk stammte aus den Gegenden des heutigen Syriens und Libanons, breitete sich im Mittelmeerraum aus und gründete im Süden Ibizas einen ihrer Außenposten, Sa Caleta. Die Überwachung der Küste spielte bei der Standortwahl eine wichtige Rolle, die Siedlungsreste von Sa Caleta datieren aus dem 8./7. Jahrhundert v. Chr. Später wanderte die Bevölkerung ein Stück nordostwärts ab. Dort entstand um 625/600 v. Chr. ein neuer, strategisch günstigerer und für den Handel geeigneterer Ort auf dem Puig de Vila. Dies war der Vorläufer der Inselhauptstadt Eivissa. Ein Stück entfernt legten die Phönizier eine Totenstadt an, deren Nutzung die Punier fortsetzten. Die Bestattungsarten waren ganz unterschiedlich, viele Verstorbene kamen tief in den Boden in Felsenschächte und -kammern. Diese Nekropole des Puig des Molins – „Windmühlenhügel", so genannt wegen späterer Windmühlen – zählt zum Weltkulturerbe. Der Fundstätte ist ein Museum der Archäologie angeschlossen.

Festungsmauern und Wachttürme

Kontrolle über den lukrativen Seehandel, kulturelle Überlagerungen durch Neuherrscher, Gefahren durch Feindeshand – all dies zieht sich wie ein Netzwerk aus roten Fäden durch die Vergangenheit. Auf die Punier folgten die Römer, im Mittelalter setzten sich die Mauren lange Zeit fest – bis zum Einfall der katalanischen Truppen. Im 16. Jahrhundert wurde Eivissas historische Altstadt Dalt Vila, ebenfalls Kulturerbe der Menschheit, nach Plänen der Baumeister Giovanni Battista Calvi und Jacobo Paleazzo in gewaltige Festungsmauern gesteckt. Und vielerorts an den Küsten entstanden Wachttürme. Dahinter steckte die Angst vor Plünderungen der Inseln durch Piraten. Geriet ein Seeräuberschiff in Sicht, wurden Warnfeuer entfacht. Heute herrschen friedliche Zeiten. Geblieben sind höchst aufschlussreiche Zeugnisse der Geschichte.

Links:
Typischer Wehrturm unweit des beliebten Urlaubsorts Es Pujols auf Formentera: die Torre de Punta Prima aus dem 18. Jahrhundert.

Oben:
Dalt Vila, die Altstadt von Eivissa, wurde vor Jahrhunderten von einem massiven Mauermantel umschlossen.

Kleine Bilder rechts, von oben nach unten: *Die Ausgrabungsstätte Ses Païses de Cala d'Hort zeigt Reste einer punisch-römischen Siedlung. Die ältesten Spuren datieren aus dem fünften vorchristlichen Jahrhundert.*

Der im Stadtgebiet von Eivissa liegenden Necròpolis Puig des Molins ist ein aufschlussreiches Archäologisches Museum angeschlossen.

Eivissas Bollwerke, hier das Baluard de Sant Jaume, haben ihren militärischen Schrecken verloren und fungieren heute als Besuchsziele.

Es Cuieram (auch: Es Culleram) war im Nordosten Ibizas ein von den Puniern genutztes Höhlen-Sanktuarium.

Oben:
Beliebte Schnittstelle im städtischen Treiben von Eivissa ist die Plaça del Parc.

Rechts:
Das altehrwürdige Teatro Pereyra in Eivissa dient heute als Konzertcafé.

Links:
Hier sind noch ein paar Terrassenplätzchen frei auf der Plaça de la Constitució in Eivissa.

Unten:
Eivissas historische Altstadt Dalt Vila verströmt ein ganz besonderes Flair. Manches Terrassengestühl lässt sich allerdings nur in leichter Schräglage platzieren.

Unten:
Zwischenaussicht über Teile Eivissas auf dem Weg hoch hinauf nach Dalt Vila.

Ganz unten:
Das wappenverzierte Portal de ses Taules markiert den klassischen Auftakt beim Eintritt in Eivissas Altstadtviertel Dalt Vila.

Rechts:
Wenn die Steine in Dalt Vila erzählen könnten, hätten sie viel zu berichten … Ab diesem Punkt heißt es: Nur keine Müdigkeit, weiter aufwärts geht's!

Links:
Osterprozession durch Eivissa. Träger haben einen Aufbau mit dem Christus-Standbild gestemmt.

Unten:
Die Stimmung bei dieser Osterprozession durch Eivissa ist unnachahmlich getragen, die Menschen sind voller Ehrfurcht bei der Sache.

Oben:
Kaum zu glauben, dass sich auf der „Partyinsel" Ibiza solch ergreifende Karprozessionen abspielen können. Die Büßer verhüllen – wie auch andernorts in Spanien zu diesem Anlass – ihre Identität, teilen symbolisch das Leiden Christi.

Oben:
Gemütlich ein wenig abhängen, neue Kräfte für die nächsten Unternehmungen schöpfen – das geht in diesem Terrassencafé in Eivissa bestens.

Rechts:
Bestens sortierter Marktstand auf der Plaça de la Constitució, Eivissa.

Links:
Wer als Inselbesucher auf Selbstversorgung setzt, kann sich auf dem winzigen Markt auf der Plaça de la Constitució in Eivissa eindecken.

Unten:
Stylish und einladend präsentiert sich dieses Café in Eivissa. Hier gibt es Toasts, Fruchtsäfte, frische Milch.

Carrer Major
Plaça de la Catedral

Links:
Die historische Casa de la Curia befindet sich im obersten Teil von Eivissas Altstadtbezirk Dalt Vila, ganz nah bei der Kathedrale.

Unten:
In Dalt Vila sieht man nicht schwarz, sondern überwiegend weiß. Da braucht es so manchen Farbeimer für Neuanstriche.

Oben:
Beachtenswert in Dalt Vila sind immer wieder die Details: Kopfsteinpflaster, Laternchen, Balkongitter, Kabelstränge über die Gassen hinweg.

Inspiriert von Licht und Farbe – Kunst und Literatur auf Ibiza

Die Entdeckung Ibizas für die Kunst setzte lange vor den touristischen Zuströmen ein, die Erlebniskultur war zunächst an ihre eigene Art der Sinnlichkeit gekoppelt: das Licht, die Farben, die Natur. Die Quellen der Inspiration warteten nur darauf, ausgeschöpft zu werden. Santiago Rusiñol (1861–1931), ein katalanischer Maler und Schriftsteller, war einer der ersten, der im frühen 20. Jahrhundert von der „weißen Insel“ Ibiza schwärmte. Die Ursprünglichkeit lockte später auch Walter Benjamin (1892–1940) an, einen der wichtigsten deutschen Zeit- und Literaturkritiker, dem eine Sinn- und Existenzkrise zugesetzt hatte. Gleich zweimal, 1932 und 1933, zu Beginn der nationalsozialistischen Schreckensherrschaft von Adolf Hitler in der Heimat, verbrachte Benjamin einige Zeit auf der Baleareninsel. Ein Bekannter hatte sie ihm empfohlen. Bei beiden Aufenthalten ließ er sich an der Bucht von Sant Antoni de Portmany nieder, sein literarisches Schaffen unter südlicher Sonne brachte die „Ibizenkische Folge“ hervor. Sieben Jahre später nahm sich Benjamin, der jüdischer Abstammung war, kaum 400 Kilometer Luftlinie nordöstlich von Ibiza das Leben an der französisch-spanischen Grenze in Portbou. Ein tragisches Weltkriegsschicksal.

Schauplatz für Krimistoffe und mehr

Für sporadische Ergründungen Ibizas standen weiterhin der Spanier Vicente Blasco Ibáñez (1867–1928) und der Franzose Albert Camus (1913–1960), dem Mitte der Dreißigerjahre vor Ort die „Idee der Langsamkeit“ erschien. Mittlerweile hat Ibiza mehrfach als Krimischauplatz gedient („Flughafen Ibiza“, „Tatort Ibiza“, „Tod auf Ibiza“), Lebensabschnittsberichte hervorgebracht („Ein Jahr auf Ibiza“) und zu Werken animiert, denen der Literaturnobelpreis wahrscheinlich auf ewig verwehrt bleiben wird („Seelennahrung Ibiza“). Burkhard Driest (geb. 1939), der gleichermaßen als Schauspieler wie als Bankräuber von sich reden gemacht hat, verfasste gleich mehrere Ibizakrimis, darunter „Sommernachtsmord“.

Künstlergruppen gestern und heute

In der Kunstszene trat Ende der 1950er-Jahre die auf Ibiza gegründete „Grupo Ibiza 59“ hervor, eine internationale Gruppierung, zu der Hans Laabs (1915–2004), Katja Meirowsky (1920–2012) und der 1925 in Köln geborene Maler Erwin Bechtold gehörten. Die künstlerische Solidargemeinschaft organisierte Ausstellungen, weckte das Interesse der Medien und der Öffentlichkeit. Mitglied der „Grupo Ibiza 59“ war auch der Münchner Maler und Architekt Erwin Broner (1898–1971), der 1960 über den Klippen von Eivissas altem Fischerviertel Sa Penya ein Gebäude ausbaute. Kein Hyperluxus, aber durchaus beachtlich und architektonisch ein Unikat, das sich trefflich ins Umfeld fügte. Dort lebte und arbeitete er. Das Broner-Haus, Casa Broner, ist lokales Kulturgut, für Besucher geöffnet und – trotz restauratorischer Aufpolierung – im Wesentlichen so belassen worden, wie es sein Erschaffer genutzt hatte. Das Interieur erscheint museal erstarrt, ein wenig statisch und ist dennoch sehenswert. Ich trete ein in den Salon und hinaus auf die Dachterrasse. Die Ausblicke aufs Meer sind nach wie vor Neid erweckend und die aufklappbaren Schränke, die mir der Hausguide bei einer Privatführung im Atelier zeigt, einfach kurios. Arbeiten Broners gehören zum Fundus von Eivissas Museu d'Art Contemporani, dem Museum für Zeitgenössische Kunst, das ebenfalls einen Besuch verdient.

Als Kunstvereinigung tritt heute der „Art Club Ibiza“ hervor. Dahinter stehen Kulturschaffende unterschiedlichster Provenienz. Laut eigener Aussage hat es sich der „Art Club Ibiza“ zur Aufgabe gemacht, „die schöpferischen Kräfte einer heterogenen Vielzahl von Kreativen zu bündeln und gemeinsam Ausstellungsmöglichkeiten über die wenigen Galerien der Insel hinaus zu erschließen.“ Säulen der Aktivitäten auf Ibiza sind informelle Open-air-Kunstmessen, die von Performances und Videoprojektionen begleitet werden können, und die „Kunstroute“, Ruta del Arte, bei der Interessierte die Gelegenheit zu Atelierbesuchen haben – und tiefer in ansonsten verborgene Stückchen Ibiza eintauchen können.

Links:
Der Schriftsteller Walter Benjamin (1892–1940) kam 1932 und 1933 nach Ibiza.

Oben:
Auf Ibiza sind diverse auswärtige Künstler und Künstlerinnen tätig, hier Karen Hain. Ihr Markenzeichen ist es, mit Sand und dessen Eigenschaften zu experimentieren. Heraus kommen beachtliche Werke.

Kleine Bilder rechts, von oben nach unten: *Anlaufstelle für Kunstliebhaber ist in Eivissa das Museu d'Art Contemporani (Museum für Zeitgenössische Kunst).*

Das Museu Puget, ein Kunstmuseum in Dalt Vila, zeigt Werke der einheimischen Maler Narcís Puget i Viñas (1874–1960) und Narcís Puget Riquer (1916–1983). Dabei handelte es sich um Vater und Sohn.

Ein historisches Adelspalais beherbergt das Museu Puget, ein lohnendes Kulturziel.

Künstlerisch aktiv ist auch Petra Reimers.

Links:
Um einen Platz an der Sonne konkurrieren die Häusermassen in Eivissas Vorort Figueretes.

Unten:
Platja d'en Bossa punktet mit seinem langen Strand und steht eigentlich für Highlife. Hier ist die saisonale Betriebstemperatur noch lange nicht erreicht.

Ganz unten:
Flächendeckend Beton – dieses Stück Küstenlinie von Platja d'en Bossa hält den Bauboom Ibizas vor Augen. Geräuschlos geht es meistens nicht zu. Der Flughafen liegt ganz in der Nähe.

Oben:
Weg vom Trubel – in Ibizas Salinengebiet finden sich erstaunlich stille Winkel.

Rechts:
Beschauliche Ansicht auf dem Puig de Missa, dem Haushügel von Santa Eulària d'es Riu. Nicht alles steht im Zeichen des Tourismus. Das Leben geht vielerorts seinen gewohnten Gang.

Auf Ibiza entfaltet sich eine zuweilen erstaunliche Blütenpracht. Gewöhnlicher sind die Anblicke von Zitronenbäumen.

Oben:
Ibizas „weißes Gold“, das Salz, entstammt den Salinen im Südteil der Insel.

Rechts:
Alte Wassermühle in Ibizas Salinengebiet, das zum Naturpark Ses Salines gehört.

Oben:
Wer sich an der steinigen Platja d'es Codolar in die Fluten stürzt, sollte Badeschuhe tragen. Lohnend ist es hier auf jeden Fall auch, den Sonnenuntergang zu verfolgen.

Links:
Der Blick nach Süden von der Platja d'es Codolar fällt auf das markante „Falkenkap", Cap des Falcó.

Oben:
Von Dalt Vila (im Hintergrund) ist es nicht weit bis zum nordöstlichen Strandvorort Talamanca.

Rechts:
Da kommt Urlaubsstimmung auf, die Luft ist seidig. Eindruck aus Talamanca.

Links:
Ruhepol Talamanca –
wer das in sich aufnehmen will, kommt am besten außerhalb der Hochsaison.

Fun und Nightlife – Partyinsel Ibiza

Fest steht: Wer auf Ibiza Fun will, bekommt Fun. Wer, alkoholisch unterfüttert und stimuliert durch Feier- und Ferienlaune, die nächsten Lakenbewegungspartner sucht, wird sicher nicht enttäuscht. Und wer nach der ultimativen Dauerdröhnung giert, braucht nicht lange zu warten. Garantiert. In Bars und Diskotheken wummern die Bässe, oft genug steht die Sommerstimmung auf dem Siedepunkt. All dies ist Ibizas Schicksal und eine maßgebliche Einkommensquelle zugleich. Setzt man auf derlei Zugkraft, darf man sich über Identitätsverlust nicht wundern. Ein gefährlicher Spagat. Der Ruf als „Partyinsel" ist jedoch fest zementiert und in seinen Fundamenten schwer zu erschüttern. Dass große Teile Ibizas ganz anders sind und Formentera vergleichsweise bescheiden daherkommt, sei an dieser Stelle der Vollständigkeit halber bemerkt.

Fantasievolle Maskeraden und Outfits

Ibiza gilt ungebrochen als Spot, um zur wärmeren Jahreszeit richtig abzufeiern, es krachen zu lassen und jedwede Hemmungen abzustreifen. Die Rhythmen bringen die Libido in Gang, die Hormone wogen höher als die Mittelmeerwellen bei Windstärke neun. Schleppt man aus Mannessicht erfolgreich die heiße Braut für den bevorstehenden One-Night-Stand ab und stellt kurz vor Tatvollzug fest, dass dahinter ein getarnter Zipfelbube steckt, kann die Enttäuschung riesig sein. Fantasievolle Maskeraden und Outfits, die ihre Träger aus den Sphären der Gewöhnlichkeit abheben sollen, gehören halt zur Partystimmung dazu. Der „kleine Unterschied" macht sich dabei nicht immer auf den ersten Blick bemerkbar.

Spaß mit Kostenfaktor

Für den Ruf als Fixpunkt in Südeuropas Partylandschaft sorgen auf Ibiza Megadiskotheken und -clubs wie Pacha, Space, Amnesia und Ushuaïa. Dass der Spaß alles andere als billig ist und nach zusätzlichem Eurobudget verlangt, sollte jedem bewusst sein. Die Eintritte können ins mittlere Zweistellige gehen, dafür bekommt man angesagte DJ's, Live-Acts, wirbelnde Körpermassen aller übrigen Party People und besondere Events geboten: von der Schaum- bis zur Wasserparty. Die Promoter scheuen kaum einen Aufwand, um Akzente zu setzen, ob bei Dekos oder Überraschungseffekten. Dann werden buchstäblich Bühnenfeuerwerke gezündet. Und wenn plötzlich die Tanzfläche geflutet wird, darf sich niemand wundern.

Besondere Zeitrechnung

Die Zeitrechnung der internationalen Partygemeinde kennt zwei Konstanten, terminlich abhängig von der Location: die jeweilige Opening Party Ende Mai oder Anfang Juni und die Closing Party im September oder Oktober. Zwischen Herbst und Frühjahr herrscht auf den Feldern des Vergnügens weitgehend Brache. Einschlägige Internetportale helfen Neueinsteigern bei der Gestaltung ihrer persönlichen Fiestatage. Die Gebrauchsanweisung sieht so aus: Tagsüber in einer angesagten Beachbar chillen, dann einen Sonnenuntergangsspot mit guter Musik aufsuchen, etwas essen gehen, sich quasi zum Aufwärmen in einer Pre-Club-Bar einfinden, schließlich ab in einen der großen Clubs. Alternativen sind Bootspartys, die auf hoher See die Clubbingszene ergänzen.

„Promi-Alarm" und mit 19 Koffern nach Ibiza

Ist vom Feierzirkus die Rede, dürfen Glamoureffekte durch Prominente nicht fehlen. Liebend gern setzen sich Promis der B- und C-Kategorie mit Blendax-Lächeln in Szene, erlauben tiefe Einblicke in Silikonlandschaften und formen ihre Botox-Lippen zum Schmollmund, um als Randfiguren in den Gazetten zu landen. Archäologen dürften unter den Schichten mancher Gesichter erstaunliche Grabungsfunde machen. „Promis" der ersten Garde gibt es natürlich auch. Hollywoodstars wie Sean Penn und Leonardo di Caprio sind schon auf Ibiza abgelichtet worden, die deutschen Fußballweltmeister Bastian Schweinsteiger und Mesut Özil, Rapper wie Puff Daddy, Supermodels wie Kate Moss und Naomi Campbell, Multitalente wie Madonna. Tennislegende Boris Becker postete einmal peinliche Urlaubsgrüße im Netz. Und Hotelerbin Paris Hilton gab nicht nur den Startschuss zu einer ausgelassenen Schaumparty, sondern reiste bei anderer Gelegenheit mit 19 Koffern nach Ibiza an…

Links:
Das „Pacha" ist ein Kracher in der Nightlifeszene Ibizas.

Oben:
Hier steckt Musik und Stimmung drin: im „Pacha", das sich fernab von Bescheidenheit „Ibizas bester Club" nennt.

Kleine Bilder rechts, von oben nach unten: *DJ's heizen den Massen im „Pacha" und andernorts ein.*

Bei Clubbesuchen steigt vielfach die Showtime.

Mächtig was los ist auch im „Space" in Platja d'en Bossa.

Ab zur nächsten Strandparty in Platja d'en Bossa!

Rechts:
Jesús ist in Spanien nicht nur ein verbreiteter Vorname, sondern so heißt auch ein Inlandsort nordöstlich von Eivissa.

Unten:
Hufeisenförmig breitet sich diese kleine Bucht mit der Platja de s'Estanyol aus. Sollten hier oder anderswo Anschwemmungen von Seegras vorkommen, deutet das auf ein gesundes Meer. Geruchlich hat es getrocknetes Seegras allerdings in sich ...

Oben:
Eine von vielen kleinen Buchten im Osten: die Cala Sol d'en Serra südlich von Santa Eulària d'es Riu.

Links:
Cala Llonga ist eine feste Strand- und Urlaubsgröße im Osten.

CASA CONSISTORIAL

Links:
Palmen vor dem Arbeitsplatz, das hat nicht jeder – Rathaus von Santa Eulària d’es Riu.

Unten:
Typisches Haus in Santa Eulària d’es Riu. Hier kommt bereits außen Wohlfühlstimmung auf.

Ganz unten:
Hier führt man in Santa Eulària d’es Riu den Nachwuchs aus oder rollt mal kurz in Inlinern über diesen Boulevard, der Passeig Salamera heißt.

Rechts:
Wo das Gute liegt so nah – für die Locals erfordert der Stadtstrand von Santa Eulària d'es Riu keine Anfahrt.

Unten:
Strandboulevard von Santa Eulària d'es Riu.

Oben:
So lässt sich das Urlaubsleben genießen in Santa Eulària d'es Riu.

Links:
Das volkskundliche Museum liegt in Santa Eulària d'es Riu auf dem Haushügel Puig de Missa. Hier bekommen Besucher Einblicke in ländliche Bräuche, Traditionen und Wirtschaft.

Unten:
Nein, dies ist keine Gebrauchtwagenschau, sondern ein Allerleimarkt (allerdings kein „Hippiemarkt“) am Rand von Sant Jordi de ses Salines, immer samstags.

Links:
Bunte Bilder beschert der sogenannte „Hippiemarkt“ von Es Canar/Punta Arabí.

Oben:
Immer wieder mittwochs – zwischen April und Oktober – schlagen die Stunden des „Hippiemarktes“ von Es Canar/Punta Arabí. Der Name „Hippiemarkt“ klingt sicher gut und verheißt eine gewisse Exotik. Ob der Name übertrieben ist, mag jeder selber beurteilen.

Rechts:
Ungetrübt wie das Wasser ist die Ferienfreude in Es Canar. Die Bebauung indes hat uneinheitlichen Wildwuchs mit sich gebracht.

Unten:
Blick entlang der Nordostküste Ibizas mit der Platja Es Pou des Lleó.

Oben:
Ein echtes Strand- und Buchthighlight Ibizas ist die Cala Llenya.

Links:
Die Platja des Figueral findet während der Saison nicht zuletzt bei Familien mit Kindern Zulauf. Hier liegt der Strand gerade recht jungfräulich da.

Seite 66/67:
Malerischer Buchtzwerg mit komplett transparentem Wasser, südöstlich von Sant Carles de Peralta gelegen: die Cala Mastella (Schreibweise auch: Cala Mestella).

EL
TAMAÑO
SIEMPRE
IMPORTA.

Oben:
Can Curreu ist eines der typischen Landhotels auf Ibiza. Das Ambiente ist exklusiv, das Preisniveau ebenso.

Rechts und ganz rechts:
Typische Szenen vom ländlichen Ibiza: ein reich bestückter Orangenbaum und eine alte Weinpresse in Jesús.

Links:
Typisches Landhaus, das den Charme seiner langen Vergangenheit bewahrt: Es Trui de Can Andreu.

Unten:
Das Landhaus Es Trui de Can Andreu gibt einen aufschlussreichen Einblick in ibizenkische Volkskunde.

Links:
Das touristische Kapital von Cala de Sant Vicent basiert auf dem schönen Sandstrand.

Unten:
Ein ruhiges Plätzchen bei Portinatx. Natürlichen Schatten gibt es hier auch am Strand, was auf den Pityusen eher die Ausnahme als die Regel ist.

Ganz unten:
In und um Portinatx sind die Strandbereiche aufgesplittet, dazwischen liegen kiefernbestandene Felslandschaften.

Sportlich aktiv zu Wasser und zu Lande

Der ausgeschilderte Pfad verläuft flach. Kiefern spenden Schatten. Die Sonne siebt ihr Licht durch knorriges Astwerk. Unterwegs durch Formenteras entlegenen Westen begegne ich heute keiner Menschenseele. Dafür ist das Wildlife am Boden umso reichhaltiger. Pityusen-Eidechsen flitzen zu Dutzenden umher. Ihre Schuppenkleider schimmern grün-türkis. Ich lasse mich nieder, bringe die leuchtende Pracht auf die Speicherkarte. Ein paar Minidrachen stellen sich regelrecht in Fotopose. Idyllisch zieht sich der Wanderweg, der beim Picknickareal Can Marroig seinen Ausgang genommen hat, über Wurzeln, Kiefernnadeln und Sand voran, bis ich eine einsame Felsküstenlandschaft erreiche. Dort ragt das Ziel nach einer halben Stunde Marsch deutlich sichtbar hervor, ein Stück vom Meer zurückgesetzt: die Torre de la Gavina, ein Wachturm aus dem 18. Jahrhundert, als von hier aus noch nach Feinden Ausschau gehalten wurde. Rundherum ist der Untergrund scharfkantig, Schuhe mit dicker Sohle sind die richtige Wahl.

Wandern – erfolgreich auf dem Vormarsch

Der Trail zum historischen Gavina-Turm zählt zu den „Grünen Routen", die auf Formentera ausgewiesen sind und belegen, dass Wandern auf den Pityusen längst erfolgreich auf dem Vormarsch ist. In Formenteras Osten belohnen Traumausblicke die Strapazen auf dem 1,5 Kilometer langen Weg Sa Pujada, der unweit des Küstenortes Es Caló de Sant Agustí beginnt und hinauf zur Hochebene führt. Und dies über altbegangenes Terrain, wie die Reste historischen Steinpflasters zeigen. Schön ist auch die Strecke von La Savina nach Es Pujols an den westlichen und südlichen Seeufern des Estany Pudent entlang, der einem Binnenmeer gleicht. Halme und Gräser wiegen sich in der Brise, auch hier huschen Eidechsen vor mir über den Weg.

All dem stehen die Wanderrouten auf Ibiza in nichts nach. Die eigene Muskelkraft bringt Sie zu freundlichen Menschen und führt durch versteckte, unbekanntere Inselstückchen. Gegenden, die durchsetzt sind von ausgestreuten Gehöften, mauerumzogenen Feldparzellen, Lavendelsträuchern, Kiefern, Blumenwiesen, Zitronen-, Orangen-, Mandel- und Johannisbrotbäumen. Seit einer Frühlingswanderung ab Santa Gertrudis de Fruitera weiß ich dank Führer Miguel, dass es sich bei den gelbblütigen Riesenpflanzen in der Umgebung um Gemeines Rutenkraut handelt und das robuste Wacholderholz traditionell beim Hausbau Verwendung fand. Lohnend und anstrengend ist eine Bergwanderung auf den Sa Talaia, die ihren Anfang in Sant Josep de sa Talaia nimmt. Der Gipfel wartet auf 475 Metern Höhe.

Sattelfreuden

Einige Wander- decken sich mit Mountainbike-Strecken, je nach Jahreszeit bieten sich auch Nebensträßchen zum Biken an. Kaum haben sich die Eindrücke der Wanderung mit Miguel gelegt, bringt mich eine Radtour anderntags durch Ibizas Südwesten nach Es Cubells und weiter an die Cala d'Hort, wo ich mich in die Fluten stürze. Unterwegs sauge ich unverbrauchte Luft ein, lasse die Blicke an der Felsenküste entlang und hinüber zur Zauberinsel Es Vedrà schweifen. Zistrosen und Mimosen geben der Landschaft Farbtupfer, die ausladenden Zweige mancher Feigenbäume ruhen auf Stützen.

Auf Formentera ist Radeln weit verbreitet, aber kein Selbstläufer. Gelegentlich gilt es, Körper und Velo kräftig gegen den Wind zu stemmen, was bei der Radausleihe unbedingt zu einem guten, teureren Modell raten lässt.

Empfehlen sich Biken und Wandern weniger für den Hochsommer, stehen gerade dann die Aktivitäten rund ums Wasser auf dem Höhepunkt: vom Windsurfkurs bis zur Seekajaktour, vom Segeltörn bis zum Stehpaddeln. Tauchgänge lassen Sie Bekanntschaft machen mit Seegraswiesen, Höhlen, Zackenbarschen, Seesternen und Seeaalen, mit Glück sogar mit Kraken, Meeresschildkröten und Delfinen. Die glasklare Unterwassersicht beträgt bis zu 50 Meter.

Wer doch lieber festen Boden unter den Füßen hat, kann walken und joggen, was Lunge und Beine hergeben. Oder aber an Volksläufen teilnehmen, wie dem mittlerweile zur Tradition gewordenen Halbmarathon jährlich im Mai auf Formentera.

Links: *Wer Ibizas Wege durchwandert, darf sich zwischendurch eine Rast gönnen und lässt den Schweiß in der Sonne trocknen.*

Oben: *Für Seekajaktouren sind die Felsküsten der Pityusen wie geschaffen.*

Kleine Bilder rechts, von oben nach unten: *Ibiza aus der Vogelperspektive erleben? Nichts ist unmöglich.*

Auf geht's mit dem Katamaran!

Auf Ibiza gibt es klasse Mountainbike-Strecken.

Und ab zum nächsten Tauchgang!

EXCEPTO
GIRI CAFÉ
BOCADILLOS

Links:
Sant Joan de Labritja ist kein touristisches Pflichtziel auf Ibiza, doch die Stimmung trotzdem nett. Vielleicht gerade deswegen …

Unten:
Diese Apotheke in Sant Joan de Labritja garantiert noch ganz persönlichen Service – und das kleine Fischgeschäft links daneben auch.

Ganz unten:
Steht in Sant Joan de Labritja der Markt an, werden auch ökologische Nahrungsmittel angeboten.

Seite 76/77:
Eigentlich liegt die Cala Benirrás im hohen Inselnorden friedlich und recht abgeschieden da, doch sonntags ist es mit der Ruhe vorbei. Dann treten Trommler am Strand in Aktion.

Links:
Angelehnt an Hippiezeiten, wird an der Cala Benirrás sonntags getrommelt.

Unten und ganz unten:
An der Cala Benirrás darf man sich im Einklang mit der Natur fühlen ... nur bei den sonntäglichen Trommelsessions darf man nicht lärmempfindlich sein.

Unten:
Santa Gertrudis de Fruitera atmet die Stimmung eines freundlichen Dorfes im Inland.

Ganz unten:
Eine angenehme Atmosphäre prägt Santa Gertrudis de Fruitera. Als Geheimtipp ist der Ort allerdings nicht etikettierbar.

Rechts:
Open-air-Begegnungsstätte in Santa Gertrudis de Fruitera ist der Kirchvorplatz.

Kneipenzone versus ländliche Idylle – der Westteil Ibizas

Hier lässt sich fast die Floskel von der stehengebliebenen Zeit strapazieren – Ibizas Südwestküste bei Es Cubells.

Das „Westend", die krachende Kneipenzone von Sant Antoni de Portmany, in der Trinkfeste bis zum Delirium auftanken, mag kein Maßstab sein. Und auch die Betonmassen in der angrenzenden Bucht von Sant Antoni, an die einst nichts weiter als ein Fischerdorf stieß, sind eher untypisch für Ibizas Westhälfte. Vielerorts geht es nämlich trotz aller Zuläufe ländlich zu. Das Blöken von Schafen dringt heran. Weingärten, Feigen- und Mandelbäume breiten sich aus. Dorfkirchen wie in Sant Mateu d'Albarca und Santa Agnès de Corona leuchten kalkweiß. Bougainvilleen, Mittagsblumen und Christsterne bringen Farbe ins Bild.
Touristisches Potenzial geben herrliche Buchten und Strände, unter denen die Cala Bassa und die Cala Vadella herausragen. Was für ein Urlaubsgefühl, dort im Sand zu liegen, ins Stahlblau des Himmels hinaufzublicken, sich im glasklaren Wasser zu erfrischen! Kleinere Highlights setzen die Cala Gracioneta und die Cala Salada, rotbraune Klippenkulissen prägen die Bucht von Sa Caleta. Über das Küstenhinterland breiten sich vielerorts Pinien. Südwestlich von Sant Josep de sa Talaia zieht sich das Kieferngrün hinauf bis zum 475 Meter hohen Sa Talaia. Der Aufstieg führt über Wurzelstrünke und reichlich Steine, unterwegs duftet es nach Kräutern. Das herrliche Panorama vom Gipfel lässt gnädig über Antennenmasten hinwegsehen. Der Illusion des gänzlich Unberührten sollte sich niemand hingeben. Und doch kann es vorkommen, dass man auf Wanderpfaden niemandem begegnet, man auf abgeschiedeneren Felsen zum Sonnenuntergang alleine ist. Wer Drinks, Gesellschaft und Sommerparty braucht, fährt einfach nach Sant Antoni de Portmany. Auf der Insel sind die Wege nicht weit.

Oben:
Dreh- und Angelpunkt in Sant Antoni de Portmany ist der Passeig de ses Fonts.

Rechts:
Die Stadt Sant Antoni de Portmany profitiert von ihrem Hafen, eine ausgesprochene Küstenbeauty ist sie nicht. Dazu gibt es zu viel Beton.

Oben:
Es gehört ein wenig Fantasie hinzu, um sich auszumalen, was für ein mächtiges Highlife im Sommer in Sant Antoni de Portmany brodelt.

Links:
Nettes Bummelpflaster auch am Abend: die Marina von Sant Antoni de Portmany.

Linke Seite:
Punta des Molí heißt ein Stück Südostteil der Bucht von Sant Antoni de Portmany. Hier steht eine Windmühle aus dem 19. Jahrhundert, die allerdings nicht mehr in Betrieb ist.

Dies ist – wenn man so will – der „Sunset Strip" von Sant Antoni de Portmany. Hier trifft man sich gerne zum Sonnenuntergang.

Wer ab Sant Antoni de Portmany den Sonnenuntergang verfolgt, ist ein Romantiker, kuschelt sich dann gerne näher an den Partner.

Links:
Im Inland breiten sich Weingärten um Sant Mateu d'Albarca aus.

Unten:
Begegnung unter Zitronen – nettes Landgutpaar vor seinem Hof.

Ganz unten:
Noch gibt es sie vereinzelt, die alten Handwerke wie die Korbflechterei, hier zu sehen auf einem Markt in Sant Antoni de Portmany.

Oben:
Ein echter Bucht- und Strandtraum der Region ist die Cala Bassa.

Rechts:
Kontrastreicher geht's kaum als hier an der Cala Bassa. Das Motiv lässt erahnen, dass man sich an einem der schönsten Strände der Insel befindet.

Links:
Auf den letzten Felszipfel passt immer noch ein Handtuch oder gar ein Sonnenschirm, hier bei der Cala Salada.

Linke Seite:
Licht- und Schattenspiel in einer Dorfgasse von Sant Agustí des Vedrà.

Erhebt sich nahezu blendend leuchthell an der Straße: die Dorfkirche von Sant Mateu d'Albarca.

Sogar breiter als höher: die vom Ende des 18. Jahrhunderts datierende Ortskirche von Sant Rafel.

Unten:
Bei Drinks und Stimmung vereint an der Cala Conta (Schreibweise auch: Cala Comte).

Ganz unten:
Auch wenn der Drink vielleicht ein wenig mehr kosten sollte als andernorts – die Aussicht an der Cala Conta (Cala Comte) ist es wert.

Rechts:
Verstreute Gestalten, im Bann der Natur vereint, hier an der Cala Conta (Cala Comte).

Von verhexten Seen, Kobolden und dem Teufel – Mythen und Legenden

Haben Sie gehört vom verhexten See? Die Legende kreist um den Estany Pudent auf Formentera, den sogenannten „Stinkenden See". Es waren einmal zwei Schwestern, so heißt es, die fest zusammenhielten. Nach dem Tod ihrer Eltern zerstritten sie sich indes über das Erbe, ein prächtiges Landgut im Nordteil von Formentera. Eine Lösung schien nicht in Sicht, bis eine der Frauen wutentbrannt ausstieß: „Ich wünschte, morgen wäre alles auf dem Grund eines mächtigen Sees versunken!" In der Tat: So kam es. Am nächsten Tag breiteten sich die Wassermassen des Estany Pudent wie von Geisterhand aus, überfluteten Gebäude und Ländereien. Noch heute reden die Einheimischen von Häuserresten auf dem Grund des Gewässers …

Übernatürliche Phänomene

Die Pityusen bergen einen erstaunlichen Schatz an Legenden, Mysterien und Mythen. Arbeitsame Kobolde, die stets ein Riesenappetit begleitete, sollen auf Ibiza imstande gewesen sein, in einer einzigen Nacht Häuser und Brücken zu bauen. Und bei Santa Eulària d'es Riu soll einmal einem Bauer der leibhaftige Teufel erschienen sein, um ihm die Seele abzuluchsen. Erst, nachdem sein Gegenüber bei der gemeinsamen Mahlzeit ein paar Schlangen und Fingernägel verzehrt hatte, schöpfte der Landwirt Verdacht, dass da irgendetwas nicht stimmte. Gott sei Dank hatte er ein kleines Kruzifix dabei, zog es hervor und vertrieb damit den Satan auf Nimmerwiedersehen.

Bei anderen Überlieferungen rückt die Natur in den Fokus. Es Vedrà, das 382 Meter hohe Zaubereiland vor Ibizas Südwestküste, hat schon immer die Fantasie beflügelt und wird im Zusammenhang mit übernatürlichen Phänomenen genannt. Diverse Fischer wollen unter ihren Booten seltsame Objekte hinwegrauschen gesehen haben, andere berichteten von geheimnisvollen Lichtern und metallischen Geräuschen im Wasser um Es Vedrà und die ebenfalls unbewohnte Nachbarinsel Es Vedranell. Bei anderen Seefahrern sollen die Instrumente durcheinandergewirbelt worden sein. Sind es Energiefelder, wirken hier außerirdische Kräfte? Ein Einsiedler, der im 19. Jahrhundert längere Zeit auf Es Vedrà lebte, um die Nähe zu Gott zu suchen, blieb dem Vernehmen nach nicht allein. Er will Begegnungen mit merkwürdigen himmlischen Wesen gehabt haben. Ob Hirngespinste oder nicht, sei dahingestellt …

„Insel der Erhängten"

Ebenso wenig ergründen lässt sich der Wahrheitsgehalt, der einer alten Piratengeschichte um die Illa des Penjats zugrunde liegt. Das winzige Inselchen, dessen Fläche kaum zwei Quadratkilometer misst, liegt bei Formentera und soll vor Jahrhunderten Schauplatz einer Tragödie gewesen sein. Eines Tages begab es sich, so sagt man, dass den Menschen aus Formentera mehrere Piraten in die Hände fielen. Klar war aus Bewohnersicht: Entweder die Feinde töten uns, oder wir müssen sie töten. Doch wer sollte die Gefangenen ins Jenseits befördern? Auf Formentera war man stets friedliebend. „Du", sagte der eine zum andern, aber jeder weigerte sich, die blutige Arbeit zu übernehmen. Schließlich bat der Anführer der Piraten, der Bärenkräfte zu haben schien, um eine geheime Unterredung mit den Locals und unterbreitete ihnen seinen Vorschlag: „Ihr lasst mich frei, wenn ich meine Kameraden erhänge." Der Deal ging klar. Die Piraten wurden am Morgen auf ein nahes Eiland gebracht, das man in Erinnerung an die Ereignisse seither Illa des Penjats nennt, „Insel der Gehängten". Verabredet war, dass die Leute aus Formentera den Piratenchef nach verrichteter Arbeit am Nachmittag abholen und ihm die Freiheit schenken würden. Doch das Wetter schlug um. Niemand traute sich mehr durch Sturm und Wellentäler hindurch. Eine Überfahrt war erst ein paar Tage später möglich. Als die Insulaner eintrafen, bot sich ihnen ein Bild des Grauens. Sie fanden die Seeräuber allesamt erhängt vor, auch den Anführer. Dieser hatte sich ganz am Ende das Leben genommen, da er gedacht hatte, er sei einer List aufgesessen. Damit lag er falsch. „Denn", so beschließt man aus lokaler Sicht die Story, „auf Formentera lieben wir nicht nur den Frieden, sondern wir halten auch Wort."

Links:
Laut Legende soll den Christentruppen im 13. Jahrhundert die Eroberung der Maurenstadt Eivissa nur durch Mithilfe des lokalen Herrscherbruders gelungen sein. Dieser sann auf Rache, weil ihm der Fürst seine Lieblingsfrau ausgespannt hatte.

Oben:
Es Vedrà, die Zauberinsel rechts im Hintergrund, wird nicht nur von Wolken, auch von Mysterien umweht.

Kleine Bilder rechts, von oben nach unten: *Estany Pudent, der „Stinkende See" von Formentera, soll laut Legende einmal eine Finca überflutet und in die Tiefe gerissen haben.*

Moderne Steinkreise, die nach Es Vedrà ausgerichtet sind, bringen das Übersinnliche ins Spiel.

Die Gewalt der Natur der Pityusen hat der menschlichen Fantasie stets Flügel verliehen.

Ebenfalls ein mystischer Ort: Die Höhle neben dem Leuchtturm am Kap de Barbaria im Süden Formenteras.

Seite 98/99:
Ein pittoresker Buchteinschnitt im Südwesten: die Cala Vadella (Schreibweise auch: Vedella).

Unten:
Nettes Gässchen mit Einkehrmöglichkeit in Sant Josep de sa Talaia.

Rechts:
Im Dorf Sant Agustí des Vedrà bündelt sich alles auf engstem Raum. Die Kirche gehört natürlich mit ins Bild.

Links:
Ein leistungsstarkes Zoom ist unerlässlich, um solch ein Bild von Ibizas höchstem Berg Sa Talaia zu machen.

Unten:
Wer nicht hinaufsteigt, kann den kiefernbesetzten Sa Talaia auch im Fahrzeug angehen.

Ganz unten:
Kiefern, Meer und mehr – Ausblick vom Berg Sa Talaia.

Oben:
Ibizenkische Farbsymphonie bei Es Cubells.

Rechts:
Die Cala d'Hort lädt nicht nur zum Baden ein, sondern bietet einen Traumblick auf die Inselchen Es Vedrà (rechts) und Es Vedranell.

Oben:
Ein Gepräge aus rostbraunen Klippen zeichnet die Bucht Sa Caleta aus.

Links:
Felsen und Steine sind für manche kein Hindernis, wenn es auf die Suche nach einem Strandplätzchen geht, hier an der Cala d'Hort.

Unten:
Ibiza macht auch Steh-paddler fit. Mittlerweile lassen sich Stand-up-Paddling-Kurse buchen.

Ganz unten:
Es ist nicht nur das Szene-publikum, das bemüht ist, auf Ibiza eine gute Figur abzugeben.

Rechts:
Für Seekajaktouren bieten sich die unter-schiedlichsten Fels-küstenabschnitte an.

Die Natur gibt den Ton an – Formentera

Steckt den äußersten Osten Formenteras ab: der Leuchtturm La Mola.

Es gibt keine Verkehrsampeln. Kein spektakuläres Kulturdenkmal, kein Museum von Rang. Und keinen Flughafen, was die Insel vor dem Befall durch Massentourismus geschützt hat. Die Natur gibt durchweg den Ton an, die Anreise ist einzig über den Seeweg möglich. Formentera ist schlichtweg ein Sonderfall und wird gerne „das letzte Paradies im Mittelmeer" genannt. Auf 82 Quadratkilometern bündelt der Balearenzwerg Strände und Buchten, freundliche Orte, einen Teil des Salinen-Naturparks und zwei Seen, den Estany Pudent und den Estany des Peix. Um das Kap Barbaria, über dem sich im Süden ein Leuchtturm erhebt, zeigt sich die Insel von rauen Seiten. In Formenteras Nordteil bleibt es weitgehend flach, während es im Osten auf kurvenreicher Straße zur Hochebene La Mola hinaufgeht, deren Maximalhöhe 192 Meter erreicht. Tor zur Insel ist der Hafen von La Savina, wo die Fähren aus Ibiza ankommen und sich Rad- und Autoverleiher konzentrieren. Das meiste Sommerleben bebt im Ort Es Pujols.
Wichtiges Urlaubsargument sind gut 20 Strandkilometer: unverbaut, weitgehend schattenlos, mehrfach mit der begehrten Blauen Flagge ausgezeichnet. Besonderheit ist, dass sich selbst in der Hochsaison noch stille Plätzchen aufspüren lassen, vor allem an der Platja de Mitjorn, dem längsten Inselstrand, der sich kilometerlang am Südsaum entlang spannt. Weiß und fein ist der Sand im hohen Norden an der Platja de ses Illetes, der Einstieg sacht, das Wasser transparent. Im Sommer liegen zahlreiche Jachten auf Reede. Weiterer Traumstrand ist die Platja de Llevant, wo gerne die Hüllen fallen. Sonne tanken, Ruhe tanken, dazu ist Formentera wie geschaffen. Und wer richtig tanken will, Benzin nämlich, hat eine übersichtliche Auswahl. Es finden sich lediglich zwei Tankstellen auf der Insel.

Unten:
Im Osten Formenteras bäumen sich imposante Steilküstenfelsen auf, die Hochebene La Mola bricht zum Meer hin ab.

Ganz unten:
Auch auf Formentera bezaubert die Natur. Für Steuerhalter gilt: Nur nicht von den Eindrücken ablenken lassen!

Rechts:
Dieser Aussichtspunkt (Mirador) liegt auf dem Weg hinauf zur Hochebene La Mola. Dort oben hat man wunderbar die schmalste Stelle Formenteras im Blick.

Seite 112/113:
Wenn hier keine Karibikgefühle aufkommen! Rechts im Hintergrund liegt Es Pujols, der Standort der Aufnahme liegt im Bereich der Platja de sa Roqueta.

COTO PRIVADO
DE CAZA

Unten:
Wer in La Savina auf die Fähre zurück hinüber nach Ibiza wartet, kann sich in diesem Café die Zeit vertreiben.

Ganz unten:
Im Hafen von La Savina geht es meistens geschäftig zu.

Rechts:
Blick aus der Ferne über La Savina. Das Meer und der Estany des Peix sind oft mit Jachten und Motorbooten bepunktet.

Linke Seite:
Die Salinenzone Formenteras liegt im Nordteil der Insel.

In Es Caló de Sant Agustí sieht man nach wie vor Fischerbootschuppen und -unterstände.

Wer sein Boot in Es Caló de Sant Agustí an Land bringt, muss gut manövrieren können.

Seite 118/119:
Sant Francesc Xavier, die Hauptstadt von Formentera, ist kein mondänes, sondern ein beschauliches Pflaster. Besucher zieht es zur Kirche mit dem Palmenvorplatz.

Oben:
Nette Shoppingadresse in Sant Francesc Xavier.

Rechts:
Wer noch nicht das passende Kleidungsstück hat, wird vielleicht hier in Sant Francesc Xavier fündig.

Oben:
In Sant Francesc Xavier lässt sich manch gute Einkehrmöglichkeit finden. Übernachten kann man hier auch, wie die Markisenaufschrift „Habitaciones" (Zimmer) belegt.

Links:
Was, bitte, darf's hier in Sant Francesc Xavier sein? Die rustikale Bank oder lieber der Ruhesessel?

Von Wein über Bauernsalat bis Rochenragout – Inselgenüsse

Es ist ein vollmundiger Tropfen, den ich auf der Terrasse der Bodega Sa Cova koste. Körperreich, ehrlich. Ich schwenke das Rotweinglas, halte es gegen die Sonne, nehme den nächsten Schluck. Selbst für mich, einen Amateurtrinker, dringen deutlich erkennbar Brombeeren und ein Hauch von Nelke durch – und die Sonnenaromen Ibizas sowieso. Die Bodega Sa Cova liegt in Familienhand. Gründer war in den 1990er-Jahren Juan Bonet Riera, der mir bei unserem ersten Treffen vor langer Zeit einmal sagte: „Es hatte mich immer gewundert, wie wir auf Ibiza aus solch guten Trauben einen solch schlechten Wein machen konnten." Der eigene Vater habe dabei keine Ausnahme gemacht, auch er habe einen bedauernswerten Bauernwein gekeltert. Juan glaubte an das Potenzial ibizenkischer Weine. Er nahm sich vor, die Dinge zu ändern, setzte auf das Learning-by-doing-Prinzip. „Der Wein lebt", betonte Juan ein ums andere Mal. Man müsse ihn hegen und pflegen und stets experimentieren. Der vormalige Hoteldirektor und Leiter verschiedener Reiseagenturen sattelte um, machte aus dem Hobby einen Beruf. So avancierte er auf dem bei Sant Mateu d'Albarca gelegenen Gut seines Vaters zum Weinpionier, baute die Anbauflächen auf Erbgrundstücken der Familie aus, brachte schließlich die ersten Tropfen auf den Markt. Und das mit Erfolg. Seither floriert die Produktion. Besucher schauen gerne zu Kostproben und Direktverkauf vorbei. Bei den Roten setzt Familie Bonet heute auf die Rebsorten Syrah, Monastrell, Merlot und Tempranillo. Bei den Weißen, die mich mit geschmacklichen Anklängen aus Honig, Eukalyptus und Lorbeer überzeugen, auf Malvasia, Moscatel und Macabeo. Bei den rubinroten Rosés, die voller Fruchtbukett stecken, ist es ausnahmslos Monastrell. Die Lese steht ab September an, die Jahresproduktion bringt zwischen 25 000 und 30 000 Flaschen hervor. Kein Vergleich zu Großkellereien auf Spaniens Festland. Die Edelstahltanks und der kühle Keller mit Eichenholzfässern haben hier bescheidene Maße. Eine Massenproduktion wird niemals einsetzen. Und das ist gut so.

Kräuterlikör und Käsekuchen

Der Weinbau auf Ibiza beschränkt sich auf wenige Güter, denen die Landweine, „Vins de la Terra", entstammen. Sie tragen ebenso das Siegel kontrollierter Herkunft wie der Kräuterlikör „Hierbas ibicencas". Er besteht aus Anisschnaps und einer Fülle aromatischer Pflanzen, darunter Fenchel, Thymian, Rosmarin, Zitronenverbene, Lavendel, Kamille, Wacholder. Die Färbung pendelt meist zwischen Blass- und Bernsteingelb. Das Aroma ist sehr komplex. Den Anstoß zur Spirituosenproduktion gab im 19. Jahrhundert ein gewisser Joan Marí Mayans, der die erste Brennerei auf den Pityusen begründete. Die genaue Zusammensetzung eines „Hierbas ibicencas" wird als Betriebs- oder Familiengeheimnis gehütet und an die Folgegeneration weitergegeben. Anislikör lässt sich durchaus in eine Eiskreation verwandeln und verfeinert den Käsekuchen, „flaó" (oder: „flaó d'Eivissa"), der auf frischem Schafs- und Ziegenkäse basiert und mit Minzblättern versehen wird.

Fülle an Spezialitäten

Der „flaó d'Eivissa" gilt als kulinarisches Erbe der Mauren und steht in der Reihe der Spezialitäten. Würzig und herzhaft ist ein Bauernsalat (ensalada payesa), in den Kartoffeln, Tomaten, Paprika, Zwiebel und hartgekochte Eier kommen; auf Formentera wird gerne getrockneter Fisch zu einem solchen Salat hinzugegeben. Ein Klassiker unter den Sattmachern ist der Bauern-Schmortopf (sofrit pagès) mit Wurst, Kartoffeln, Lamm-, Schweine- und Hühnerfleisch. Bei der Zubereitung versteht sich der Einsatz von Olivenöl und Knoblauch von selbst. Weiter beliebt sind die Paella, der Reis nach Seemannsart (arroz a la marinera), der Brotsalat (ensalada de crostes) mit gerösteten, in Würfeln zerteiltem Bauernbrot und ein mit Paprika belegter Blechkuchen (coca). Und wer im Restaurant geschmortes Schweinefleisch (frita de cerdo), ein Rochenragout (borrida de ratjada) oder einen typischen Fischeintopf (guisat de peix) ordert, sollte bedenken: Dazu passt bestens ein ibizenkischer Wein!

Links: *Die Eichenfässerlager auf dem Weingut Sa Cova haben bescheidene Dimensionen, hier werden zum Glück keine Massen produziert. Die Kellerei ist klein, aber wirklich fein.*

Oben: *Über der Cala d'Hort bleibt der Blick nicht einzig auf den Teller gerichtet – dazu ist das Panorama zu fantastisch.*

Kleine Bilder rechts, von oben nach unten: *Von der Sonne gereift: ibizenkische Weine, hier aus der bei Sant Mateu d'Albarca ansässigen Kellerei Sa Cova. Die Kellerei liegt in Familienhand.*

Die Paella hat ihre Heimat im spanischen Mittelmeerraum, auch auf Ibiza versteht man sich auf ihre schmackhafte Zubereitung.

Fisch- und Muschelkomposition für die, die's mögen.

Auslagen einer Konditorei in Sant Rafel auf Ibiza. Vorsicht: Manches Gebäck kann auch salzig sein!

Unten:
Ab durch die Dünen zur Platja de Llevant.

Ganz unten:
Einfach – und einfach traumhaft, wenn man sich hier bei der Platja de ses Illetes im Sand niederlässt.

Rechts:
Eng und enger wird Formentera im äußersten Norden.

Links:
Wenn es Nacht wird über Formentera, dann herrscht weitestgehend Stille. Das kann auf Ibiza – im Hintergrund zu sehen – anders sein.

Unten:
Mitbringsel gefällig? Dann können Sie einen Blick auf diesen Stand in Es Pujols werfen.

Ganz unten:
Wer Platz in den Ohrlöchern hat, könnte in Es Pujols zwecks Füllung fündig werden.

Unten:
Einen Mix aus Knusperbräune und Röte bekommt der, der in Es Pujols für längere Zeit in der Sonne einnickt …

Ganz unten:
Schönes Panorama unweit von Es Pujols.

Rechts:
Auch Familien mit Kindern schätzen bei Es Pujols den sachten Wassereinstieg – und ebenso die Mittelmeertemperatur!

Oben:
Sant Ferran de ses Roques war für Hippies ein legendärer Platz. Lange vor deren Zeit schuf der Klerus die Dorfkirche.

Rechts:
Die Pityusen-Eidechse ist auf Formentera weit verbreitet.

Oben:
Nein, dies ist keine aufgedonnerte Prominente der C-Kategorie, die mit ihren üppigen Maßen zu beeindrucken sucht, sondern: eine Vogelscheuche auf der Hochebene La Mola. Der Begleiter hat sich dezent abgewendet. Den Anblick kann man auch als Vogelscheuchenmann schwer ertragen …

Links:
Bei Formenteras Wildlife wird man außer Seevögeln zumeist Eidechsen vor Auge und Linse bekommen.

Seite 132/133:
Hier – im Bereich der Platja de Tramuntana – setzt Formentera ein raueres Gesicht auf.

Register

Punta des Moscarter
Portinatx
Cala d'en Serra
Cala Xarraca
Punta de Xarraca
Cala des Porc
Xarraca
Ses Caletes
Punta des Jonc
Cala de Benirràs
Platja de Sant Miquel
Punta de Sa Creu
Cova de S'Orenga
Port Esmeralda
Port de Sant Miquel
Sant Joan de Labritja
Sant Vincent de Sa Cala
Punta Grossa
Cala de Sant Vicent
Cap des Rubió
Cap des Mossons
Cala d'Albarca
Na Xamena
Illa Blanca
Serra de la Mala Costa
Es Figueral
Platja des Figueral
Ximaina
Platja Pou del Lleó
Tagomago
Punta de Ses Torretes
Cala d'en Sardina
Es Camp Vell 400 m
Puig d'En Racó 391 m
Sant Miquel de Balansat
Ca'n Toni Lluca
Puig d'Es Fornás 410 m
Sant Mateu d'Albarca
Balàfia
Sant Llorenç de Balàfia
Sant Carles de Peralta
Cap Roig
Cala Boix
Cala Mastella
Mina de Plomo
Cala Llenya
Cap Nunó
Cova de les Fontanelles
Can Costa
Puig des Forn Nou 348 m
IBIZA
Es Canar
Cala Nova
S'Argamassa
Platja des Canar
Cala Salada
Sa Gallera
Can Cucons
Santa Gertrudis de Fruitera
Cala Pada
Punta Arabí
Cap Negret
Can Germa
Cap Negret
Can Musson
Església d'Es Puig de Missa
SANTA EULÀRIA DES RIU
Cala de Moro
Aquarium Cap Blanc
Bahía de Sant Antoni
Conillera
Església
SANT ANTONI DE PORTMANY
Can Bernat
La Siesta
Platjes de Santa Eulària
Punta de Sa Torre
Castell d'Es Puig
Caló de s'Alga
Ses Bledes
Es Bosc
Cala de Bou
Ca'n Portes
Valverde
Port d'es Torrent
Sant Rafel
Fantasilandia
Can Sort
Cala Blanca
Punta Roja
S'Espartar
Cala Llonga
Cala Llonga
Serra des Fontanelles
Can Fornet
Puig d'Es Delfin
Monte Cristo
Cap Llibrell
Sant Agustí des Vedrà
Can Negre
Mare de Deu de Jesús
Jesús
Roca Llisa
Cala Tarida
Serra de sa Murta
Cala Tarida
Bella Tarida
Can Bofill
Cala Molí
EIVISSA
Talamanca
Sant Josep de Sa Talaia
Puig Gros 419 m
Cap Martinet
Sa Talaiassa 475 m
Negrópolis Púnica
Punta Grossa
Far de Botafoc
Cala Vedella
Cala Vedella
Sant Talaia de Sant Josep
Sa Carroca
Puig Negra 359 m
Sant Jordi de Ses Salines
Platja d'en Bossa
Cala Carbó
Platja d'en Bossa
Cala d'Hort
Cala d'Hort
Es Racó
Es Cubells
Vista Alegre
Torre des Savinar
Llentrisca 413 m
Porroig
Sa Caleta
Eglesia de Sant Francesc
Es Vedrà
Es Vedranell
Ses Salines
Cap Llentrisca
Cala des Cubells
Platja de Ses Ovelles
Punta de Porroig
Cala des Jondal
Punta des Jondal
Es Cavallet
Penya Roja
Cap des Falcó
Torre de Ses Portes
Platja Ses Salines
Punta de Ses Portes
Punta de la Rama
Far d'Es Penjats
Es Penjats
Far d'En Pou
Espardell
S'Espalmador
Platja de Ses Illetes
Es Tracadors
Platja de Llevant
Platja de Ses Canyes
La Savina
Ca Na Costa
Punta de Sa Pedrera
Platja d'Es Pujols
Estany Pudent
Punta Prima
Torre de Punta Prima
Estany des Peix
Es Pujols
Punta de Sa Gavina
Torre de Sa Gavina
Sa Mirada
Sant Francesc Xavier
FORMENTERA
Sant Francesc de Formentera
Sant Ferran
Castell Romà de Ca'n Blai
Punta de sa Palmera
Cala Saona
Punta Rossa
Cala Saona
Torre d'Es Pi d'Es Català
Ses Platjetes
Cova d'es Fum
Es Caló
La Mola
Platja d'Arenals
Platja de Mitjorn
El Pilar de la Mola
Castell de Pla
Mar y Land
Far de la Mola
La Mola
Punta de sa Ruda
Cova Ram
Cercle Megalitic
Punta Roja
Far de Barbaria
Torre des Garroveret
Cap de Barbaria
Mittelmeer
5 km

Auf den Pityusen geht es ganz schön bunt zu – bis hin zum Museum für Zeitgenössische Kunst in Eivissa.

Impressum

Buchgestaltung
Matthias Kneusslin
www.hoyerdesign.de

Karte
Fischer Kartografie, Aichach

Printed in Italy
Repro: Artilitho snc, Lavis-Trento, Italien, www.artilitho.com
Druck und Verarbeitung: Grafiche Stella srl, Verona, Italien

ISBN 978-3-8003-4236-5

Bildnachweis
Alle Bilder von Hans Zaglitsch mit Ausnahme von: S. 49 oben: Manfred Walker/pixelio.de; S. 49 unten links: d.holtorf/pixelio. de; S. 49 unten rechts: Wolfgang Colditz/pixelio.de; S. 54 links, S. 55 rechts oben, S. 55 rechts zweites Bild von oben: Cevera/Pacha Club; S. 55 rechts drittes Bild von oben: Platja den Bossa, Club Space/press; S. 89 oben: Andreas Drouve; S. 97 rechts unten: LUNAMARINA/iStock.com; S. 130 unten: Stavros1/Wikimedia Commons Lizenz CC-BY-3.0.

Danke – Thank You – Muchos Gracias!
Hans Zaglitsch, der Fotograf dieses Bildbandes, bedankt sich bei allen Personen und Institutionen für Ihre Kooperation und Unterstützung, insbesondere aber bei Rafa de Siria vom Club Pacha in Talamanca, den Künstlerinnen Karen Hain (www.karenhain.com und www.ibizasandart.wordpress.com) in Sant Josep und Petra Reimers (www.pr-art-ibiza.com) in Sargamassa, Amelia Garijo vom Touristenamt in Ibiza-Stadt, Miguel de Costa vom Kulturamt in Portmany, dem MAEF (Museu Arqueològic d'Eivissa i Formentera) und bei der niederländischen Fluglinie Transavia (www.transavia.com).

transavia

Unser gesamtes Programm finden Sie unter:
www.verlagshaus.com